Nur im stillen Wasser spiegelt sich der Mond

Reflexionen über das Dhamma

Ian McCrorie

Pariyatti Press
ein Imprint von
Pariyatti Publishing
www.pariyatti.org

Erste deutsche Auflage, 2026

ISBN: 978-1-68172-882-7 (Print)
ISBN: 978-1-68172-883-4 (PDF)
ISBN: 978-1-68172-884-1 (ePub)
ISBN: 978-1-68172-885-8 (Mobi)

Deutsche Übersetzung: Julia Förster

Lektorat: Otmar Küspert

Schwarz-Weiß-Fotos von Andre Martel. © 2003 Andre Martel

Die Verleger danken Dover Publications, New York, für die Genehmigung zur Verwendung der japanischen Familienwappen, die jede Reflexion einleiten. Sie stammen aus „Japanese Design Motifs: 4,260 Illustrations of Heraldic Crests“ aus der Dover Pictorial Archive Series.

Vorwort

Während mehr als zwanzig Jahren intensiver Meditation in Klöstern, Ashrams und Meditationszentren in Indien, Südostasien, Japan und Nordamerika saß ich zu Füßen zahlreicher weiser und charismatischer Älterer und Gurus. Mal fühlte ich mich inspiriert durch ihre Dhamma-Vorträge, mal gelangte ich durch sie zur rechten Erkenntnis oder gar zur Besinnung. Aber es waren nicht die langen hochgelehrten Vorträge, die meine aufgestaute Verwirrung durchschnitten. Bei meinem Lehrer S. N. Goenka, einem Meister der wenigen Worte wie auch vieler Anekdoten, ging mir oft ein Licht auf, wenn er die richtige Geschichte zum richtigen Zeitpunkt erzählte. Oft war es nur ein Satz, manchmal nicht viel mehr als ein Wort.

Als er mich später damit beauftragte, ihm beim Leiten von Meditationskursen zu assistieren, griff ich oft auf dieselben Allegorien und Metaphern zurück – gewissermaßen, um direkt zum Kern einer Frage vorzudringen und einem Schüler einen Lehraspekt zu verdeutlichen. Oft habe ich als Antwort auf die Frage eines Schülers gesagt: „Das ist so, wie wenn..." – ohne genau zu wissen, mit welcher Metapher oder welchem Vergleich ich den Satz beenden würde, aber ich vertraute auf die Hilfe des Dhamma. Und manchmal erfuhr ich später, dass das, was ich gesagt hatte, die dicken Nebel der Verwirrung auflösen half, ebenso wie einst Jahre zuvor ähnliche Allegorien es für mich getan hatten.

Dieses kleine Buch ist also eine Sammlung dieser Geschichten, Anekdoten und Aphorismen, die mir und anderen zur Inspiration dienten. Mögen sie auch Ihnen eine Inspiration sein. Und mögen die hierin womöglich enthaltenen Wahrheiten immer dann – ob beim Lesen oder Erinnern – ihre unterstützende Wirkung entfalten, wenn sie am dringendsten gebraucht wird. Ich erhebe keinen Anspruch auf Originalität; schließlich sind es Betrachtungen, Reflexionen. Wenn Sie darüber nachdenken, eine spirituelle Reise zu beginnen, mögen diese Reflexionen Sie inspirieren, diesen wichtigsten aller Schritte zu gehen. Als erfahrene Praktizierende werden sie Sie vielleicht durch jene Zeiten begleiten, in denen der Geist im Schlamm der Zweifel und Verwirrung zu versinken scheint. Und ich behaupte nicht, dass diese Reflexionen faktisch sind; nur, dass sie die Lehren des Buddha widerspiegeln. Ein weiser Mann sagte einst, dass eine Geschichte sich nicht genauso begeben haben muss, um wahr zu sein.

Ein anderer, ebenso weiser Mann warnte uns davor, den Finger mit dem Mond zu verwechseln. Wir brauchen den Finger, um die Richtung zu weisen, und wir können für seine klare Führung für immer dankbar sein, aber letztendlich ist es nur ein Finger; es ist nicht der Mond. Diese Reflexionen weisen auf das Dhamma hin, aber die Wahrheit selbst kann nicht in Worte gefasst werden. Sie kann nur erfahren werden. Die Worte sind nur Reflexionen des Dhamma.

Nur im stillen Wasser spiegelt sich der Mond

Reflexionen über das Dhamma

Für meine Frau, Hyesun

Es ist nicht das Sitzen, das die Wahrheit hervorbringt.
Meditation erzeugt nicht die Einsicht,
so wie es nicht das Riechen an einer Blume ist,
was sie zum Duften bringt.

Der Duft der Rose ist einfach da.
Wir verlangsamen unser Tun und sind zugegen
bei der Entfaltung
und dem Erblühen ihrer Natur.
Entschleunigen und Zugegensein
bei genau diesem einen Atemzug, erlaubt
der Realität des Jetzt ihre Natur zu enthüllen.

Still dasitzen gibt uns Gelegenheit
zu erleben, wie die Wahrheit sich enthüllt.

Erst im stillen Wasser spiegelt sich der Mond.

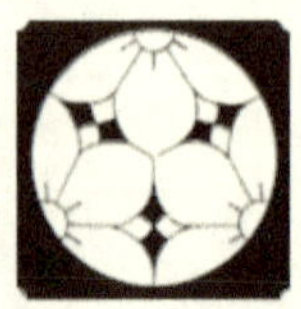

Wir sitzen sie aus, die Stürme
aus Schmerz und Qual.
Wir drängen hinein in die Orkanböen
unseres eigenen Widerstands.
Wir ringen darum, sie zu lösen, die Gordischen Knoten
unseres karmischen Erbes
bis wir vor Erschöpfung ohnmächtig werden
und endlich aufgeben.

Erst dann,
wenn wir akzeptieren, dass wir es nicht schaffen,
kommt ein wenig Einsicht
und ein wenig Frieden in uns auf.
Denn je mehr wir es versuchen,
desto stärker werden unsere Feinde.
Je mehr wir schwitzen und streben,
desto tiefer versinken wir
im Treibsand unseres eigenen Verlangens.

Wir müssen uns mühelos Mühe geben.
Wir haben alle Zeit der Welt
und doch keine Minute zu verlieren.
Um das letztendliche Ziel zu erreichen,
müssen wir schnell voranschreiten
und sollten es doch nie eilig haben.

Wir bringen es nicht fertig, und doch ist es zu schaffen.

Ich bin die Ursache meines eigenen Leidens.

Gewiss – der Tod eines geliebten Menschen,
Armut, unerwiderte Liebe, Hunger – das schmerzt uns.
Schmerz ist verwoben in die Ursubstanz
der menschlichen Existenz.
Selbst der Buddha konnte dem Schmerz nicht entkommen.

Mir missfällt dieser Schmerz, ich will, dass er aufhört,
ich empfinde ihn als so unfair.
Ich verharre andauernd ein-problem-entfernt
von himmlischer Glückseligkeit!

Aber stets bin ich's und ich allein, der sein eigenes Leiden schafft,
denn ich bin's und ich allein, der reagiert auf
die unausweichlichen
Schmerzen, Malaisen und Unzufriedenheiten
des menschlichen Lebens.

Schmerz besucht alle,
doch Leiden kommt nicht
zu jenen, die sein Eintreffen willkommen heißen.

Nicht vor dem Aufkommen von Gedanken
müssen wir uns fürchten,
nur vor unserer eigenen Langsamkeit, die uns davon abhält,
sie zu bemerken.
Wenn wir erst einmal unsere Aufmerksamkeit
auf einen Gedanken lenken,
dann wird der Geist von Bewusstsein durchflutet,
welches den Gedanken schluckt. Er kann nun gesehen werden
als das, was er wirklich war, bevor wir auf ihn reagierten:
eine harmlose, einfache verbale Nervenverknüpfung.

Unsere Aufgabe besteht nicht darin, Gedanken zu vertreiben,
sondern darin, das Reagieren auf sie zu unterlassen.
Wenn das Nicht-Entstehen von Gedanken unser Ziel ist,
dann sind Steine erleuchtet.

Folge dem Anführer, der keine Gefolgschaft sucht.
Beherzige den Rat von einem, der keinen anbietet.
Folge strengstens der Lehre dessen,
der von anderen Wegen in höchsten Tönen spricht.
Respektiere den Guru, dessen Selbstdarstellung
an den Wänden fehlt.
Bringe demjenigen Gaben dar, der keinen Lohn verlangt
für seine Unterweisung.
Verbeuge dich vor einem, der dich bittet, solcherlei Huldigungen
zu unterlassen.

Überlasse dich dem Lehrer, der dich auffordert,
alles zu hinterfragen, das er sagt und tut.
Und liebe den Lehrer, der dich einzig darum ersucht,
deine Hingabe durch das Beschreiten des Pfades zu zeigen.

„In meine Hütte tropft's hinein", sagt der Novize,
„und meine Stufen wackeln."

„Wunderbar!", sagt der Abt.
„Kein Grund mir zu danken."

„Wir kriegen jeden Tag das gleiche Essen,
und nicht genug davon!"

„Großartig! Wieder bist du mir zu keinerlei Dank verpflichtet."

„Meine Hütte liegt zu nah am Dorf,
und ich kann ihre Feste hören."

„Perfekt. Kein Dank vonnöten."

„Ich erzähle Ihnen immer wieder, wie schrecklich alles ist,
und Sie sagen immer wieder, es sei wundervoll."

„Es ist ja auch wundervoll.
Die Welt, genauso wie sie ist,
ist alles, was wir zur Befreiung benötigen.
Leiden ist der Kompost für das Erblühen von Dhamma.
Ohne Unvollkommenheit wäre das Wachsen in Dhamma
nicht möglich.
In einer perfekten Welt ist alles, was wir erlangen können,
Selbstzufriedenheit.
Was wir in einer unvollkommenen Welt erlangen können, ist
Erleuchtung."

Bevor der Regen endet
ist bereits ein Vogel zu hören.
Bevor der Schnee sich lichtet
erscheinen Krokusse.
Bevor der Sturm sich legt
ist ein Regenbogen zu sehen.
Und vor der Erleuchtung
da ist stilles Sitzen.

Unsere Meditation hat kein Ende,
und unsere Befreiung keinen Anfang.

Wir sitzen, denn was sonst gibt es zu tun?
Taten, die einem vernebelten, verwirrten Geist entspringen,
können niemals Gutes hervorbringen.

Den Apfelbaum mit Schieferöl zu gießen
produziert nur Ruß.

An einem verregneten Abend ersuchte ein junger Mönch
um Unterkunft.
„Du bist herzlich eingeladen zu bleiben", antwortete die Frau.
„Doch die Scheune ist alt und undicht.
Bleib' hier bei mir im Haus."

„Das kann ich nicht tun,
da es mein Gelübde der Keuschheit bräche."

„Dann geh' nach nebenan und sage meinem Nachbarn
meine Familie sei eingetroffen,
und frag' ihn, ob ich sein Huhn haben könne,
um ihnen ein feines Essen zuzubereiten."

„Das kann ich nicht tun,
da es mein Gelübde der Wahrheit bräche."

„Dann geh' nach nebenan, töte das Huhn;
und ich werde es für uns kochen."

„Das kann ich nicht tun, da es mein Gelübde bräche,
anderen nicht zu schaden."

„Dann geh' nach nebenan und bring mir das Huhn;
ich werde es töten und kochen."

„Das kann ich nicht tun, da es mein Gelübde bräche,
mich des Stehlens zu enthalten."

„Dann trink' ein Glas Wein mit mir,
bevor du dich zur Ruhe legst."
„Das kann ich nicht tun, da es mein Gelübde bräche,
mich jeglicher Rauschmittel zu enthalten."

„Aber gegen ein kleines Schlückchen
ist doch nichts einzuwenden, oder?“
fragte die Frau.

Der Mönch stimmte zu.
Und noch bevor die Nacht zu Ende ging,
waren alle Gelübde gebrochen.

Zu denken du seist verrückt
ist die Vernunft selbst.
Und zu glauben du seist vernünftig
ist der reine Wahnsinn.
Die uns eigene Verrücktheit wird erheblich verstärkt
durch die Angst vor dem Wahnsinn.
Die Angst vor dem aufziehenden Sturm erzeugt
mehr Lärm und Toben
als Donner und Blitz es jemals vermöchten.

Wir verbleiben recht normal trotz des inneren Aufruhrs.
Nur die mit ganz klarem Geist können diesem Wahnsinn
mit Abstand und einem Lächeln
ergebener Hingebung begegnen.

Der Mönch kam eines Tages aus dem Wald nach Hause.
Er traf seine Freunde, nun älter, und erfuhr aus ihren Leben.
Er traf seine Familie und nahm teil an ihrer Freude und Liebe.
Er sah, wie sich das Dorf verändert hatte.

Und dann traf er sie.

Sein Herz regte sich in bis dahin nie gekannter Weise.
Seine Knochen und Muskeln wurden zu Butter, wenn sie nahte.
Seine Zunge wurde zu Blei, wenn er versuchte mit ihr zu sprechen.

Und so kehrte er zurück in den Wald und zu seinem Meister.
„Ich bin ein Schüler des Dhamma, des Gesetzes der Natur.
Nur die Wahrheit suche ich.
Nur Frieden will ich.
Wie kann ich meinen Platz finden im weltlichen Leben
mit Frau und Job und Kindern?

Und sein Meister sprach: „Du kannst immer noch
dem Dhamma folgen, dem Gesetz der Natur.
Es ist nur natürlich, zu lieben und zu lernen, dies
ohne Anhaftung zu tun.
Die Wahrheit suchst du.
Und was ist rechtschaffener als ein lebenslanges Bekenntnis
zueinander.
Nur Frieden willst du.
Und du kannst Frieden anstreben in dieser festen Verbindung,
indem du Gelassenheit entwickelst."

Und der Mönch kehrte aus dem Wald zurück —
zum allerletzten Mal.

Der Verrückte kam schreiend in die Stadt gelaufen:
„Ich hab' meinen Kopf verloren!
Ich kann meinen Kopf nicht finden!"

Die Stadtbewohner bekamen ihn zu greifen
und brachten ihn zum Ältesten.
Der Älteste hielt dem Mann einen Spiegel entgegen.
„Ich habe ihn gefunden!", rief er.

Das ganze Stadtvolk lachte,
als der verrückte Mann
mit seinem Spiegel glücklich
ihre Stadt verließ.

„Warum lacht ihr?", fragte der Älteste.
„Auch ihr seid verrückt.
Auch ihr sucht außerhalb von euch
nach dem, was ihr bereits habt!
Alles, was ihr braucht, liegt in euch.
Ihr sucht nach Glück; es liegt in eurem Herzen.
Ihr sucht nach Wahrheit; sie liegt in eurem Geist.
Ihr sucht nach Gold; es liegt in eurem Lächeln.
Ihr sucht nach Schönheit; sie liegt in euren Augen.
Ihr sucht nach einem anderen, um euch zu erfüllen,
wo ihr doch eigentlich euch selbst suchen solltet!"

Wir halten es für nötig, irgendwohin zu gelangen,
um diesen Ort der Wahrheit zu finden.
Wir glauben, es mangele uns an Reinheit
und es fehle uns an dieser oder jener Tugend.
Dabei befinden sich diese Wahrheit, diese Reinheit und
die Tugendhaftigkeit in uns,
vorübergehend verdunkelt durch unsere Gier und unseren Hass.
Die Sonne bleibt die Sonne,
sei sie auch mal durch Wolken verdeckt.

Suche nicht,
denn es gilt nichts zu er–fassen.
Versuche nicht irgendwo hinzukommen,
denn es gilt nirgendwo hinzugelangen.
Wo wir sein müssen, ist hier.
Es gibt kein dort.
Es ist an uns, das zu finden,
wonach wir nicht suchen dürfen.
Was wir suchen, haben wir bereits.

Wenn wir wirklich still sitzen,
besitzen wir alles, weil es uns nirgendwo gibt.

Beim Betrachten des Sonnenuntergangs,
betrachte nur ihn.
Halte nicht Ausschau nach dem Sonnenaufgang.

„Der Kriegsfürst kommt,
rennt um euer Leben!“
Bis auf einen Mann flohen alle Mönche aus dem Kloster.
Nur der alte Abt blieb zurück.

Der Kriegsfürst betrat
das verlassene Kloster,
erfreut darüber, dass allein schon sein Ruf
solche Furcht hervorrufen konnte.

Er stieß auf den Abt,
der still im Meditationsraum saß.
„Weißt du, dass ich dich mit diesem Schwert durchstoßen könnte
ohne auch nur mit der Wimper zu zucken?“

„Und weißt du“, antwortete der Abt
„dass du mich mit diesem Schwert durchstoßen könntest,
ohne dass ich auch nur mit der Wimper zuckte?“

Der Kriegsfürst steckte sein Schwert in die Scheide
und warf sich vor dem Abt nieder.

Buddha und Māra
gingen eines Tages draußen spazieren.
Sie kamen an einem prächtigen Wald vorbei —
wild, frei und voll wimmelnden Lebens.

„Was ist das?“, fragte Māra.

„Warum, das ist Wahrheit“, antwortete Buddha.

„Gib' es mir“, antwortete Māra
„und ich werde es kartieren, organisieren, katalogisieren,
ein Buch veröffentlichen, eine Webseite erstellen,
und es an der Universität lehren!“

Niemand mochte den neuen Mönchsvorsteher.
Er hatte eine nervende Art,
die jedermanns Geduld auf die Probe stellte.
Er schien streitlustig und pingelig.

Zu seiner Wahl befragt
lächelte der Abt und sagte:
„Jede Meditationshalle
braucht eine Fliege!“

Der junge Mann betrieb seine spirituelle Suche
mit ernsthafter Intensität.
Nichts konnte ihn aufhalten auf seinem Weg zum Erwachen.
Durch Dschungel, Berg und Fluss
reiste er zu obskuren Retreats, Klöstern und Eremitagen
und konsultierte hoch angesehene Meister und Weise.
Er wollte der Wahrheit auf den Grund gehen.

Viele der Befragten gaben komplexe, fachkundige Antworten.
Einige verharrten in eisernem Schweigen.
Nur einer, ein freundlicher Mönch, lenkte die Frage
in eine andere Richtung.
„Ich weiß gar nichts", sprach jener Mönch.
„Doch im Nachbardorf gibt es einen einfachen Schuster.
Geh' zu ihm. Bleib' bei ihm. Schau' ihm zu.
Aber frag' ihn nichts Spirituelles.
Er wird dir große Wahrheiten offenbaren."

Und so ging der junge Mann bei dem Schuster in die Lehre.
Niemals stellte er ihm spirituelle Fragen.
Und niemals sprach der Schuster von solchen Dingen.
Schuhe kamen rein und Schuhe gingen raus.
Sie arbeiteten den ganzen Tag.
Abends saßen sie draußen
und beobachteten die Sterne.

Nach vielen Jahren starb der Schuster.
Von nah und fern kamen die Trauernden,
denn alle kannten ihn als einen wahrhaft weisen Mann.
Der Mönch kam, um ihm die letzte Ehre zu erweisen.

Später sprach er mit dem Suchenden,
nun kein junger Mann mehr.
„Ich weiß, dass du das Gesuchte gefunden hast.
Du bist nun der Schuster im Dorf.
Schuhe kommen rein, Schuhe gehen raus.
Womöglich sende ich dir eines Tages einen jungen Mann.
Er wird auf der Suche nach der Wahrheit sein.
Lass ihn mit dir zusammenarbeiten.
Erzähl' ihm nichts Spirituelles.“

Wenn ein Regentropfen
in den Ozean fällt,
hört er dann auf, ein Regentropfen zu sein?
Oder ist er nun Teil eines größeren Plans?
Da er ja seine Natur nicht veränderte,
war er jemals kein Teil des Ozeans?

Wir sind Teil eines größeren Ganzen,
verbunden durch unser Mensch-Sein,
vereint durch unser Mitgefühl,
verwoben durch unsere Verletzlichkeit.

Wenn ich den Staub der Verblendung abkratze,
und der individuellen Illusion eines Ich entfliehe,
so erzeugt der schmerzende Hunger des somalischen Kindes
ein Stechen in meinem Bauch,
die Frustration der afghanischen Frau
bringt die Wut in mir zum Kochen,
und das Lächeln des thailändischen Waldmönchs
lässt mein Herz dahin schmelzen.

Das Problem unserer conditio humana
ist ähnlich dem eines Mannes mit gebrochenem Finger,
der bei jeder Berührung Schmerz empfindet.

Womit auch immer wir in Berührung kommen – wir fühlen
den Schmerz
der Krankheit, der Trauer, des hohen Alters und des Todes,
den Schmerz durch das Getrenntsein von geliebten Menschen,
den Schmerz unerfüllter Erwartungen.
Wir können ihm nicht entfliehen.
Wir müssen ihm nicht entfliehen.
Wir müssen nur den gebrochenen Finger wieder richten.

Also schiene ihn mit Dhamma,
lindere seinen Schmerz mit Konzentration
und verbinde ihn mit Liebenswürdigkeit.

„Geht das Dhamma finden!“,
gebot der Abt
seinen drei Obermönchen.

Der erste machte sich auf den Weg in die Stadt
und kehrte am nächsten Tag zurück
mit einer vergoldeten Ausgabe des Tipiṭaka,
der vollständigen Lehre des Buddha.

„Das ist nicht das Dhamma“, sprach der Abt.

Der zweite ging tief in den Wald hinein.
Dort fand er einen alten Baumstamm.
Aus diesem schnitzte er eine exakte Replik
des berühmten Kamakura Buddha.

„Das ist nicht das Dhamma“, sprach der Abt.

Der dritte saß in seiner Hütte
unfähig zu entscheiden ob das Dhamma
im Wald oder in der Stadt zu finden sei.
Nach zehn Tagen gab er auf.

Auf dem Weg, dem Abt von seinem Scheitern zu berichten,
pflückte er eine liebliche Lotusblüte.

„Ich gestehe, ich konnte das Dhamma nicht finden“, sagte er.
„Ich habe diese wunderschöne Blume
zur Wiedergutmachung gepflückt,
doch sobald sie aus dem Wasser war, begann sie zu verwelken
und nun ist sie tot!“

„Mit dieser Erkenntnis“, sprach der Abt,
„hast du das Dhamma gefunden.“

Ich trat auf sie zu, sowohl um ihren Tag aufzuheitern
als auch um etwas zu kaufen.
Obwohl sie kein Englisch sprach,
präsentierte sie mir freundlich ihre Waren.
Bedächtig, gelassen, rückhaltlos.
Ich kaufte einen Stapel Postkarten.
Sie lächelte nicht, unbeeindruckt vermutlich
ob meines westlichen Großmuts.

Jeden Tag ging ich an ihrem Stand vorbei.
Jeden Tag kaufte ich mehr Karten.
Ich sehnte mich nach einer Reaktion von ihr,
mochte es Freude sein über das Leben,
das ich ihrer Langeweile einhauchte,
oder Ärger über meine beharrliche Anwesenheit.

Mit der Zeit verstand ich:
nicht Gleichgültigkeit war es, die sie an den Tag legte,
sondern einen tiefen Frieden
und eine dezente, freudige Ausgeglichenheit.
Verkaufen oder nicht verkaufen — es lag nicht in ihrer Hand.
Ihre Rolle bestand darin, im Leben selbst präsent zu sein,
so wie es sich entfaltete.
Und sich bewusst zu sein des jetzigen Augenblicks,
dieses Moments,
ohne zu fürchten oder zu wünschen er solle anders sein.

Die Mönche betraten die Meditationshalle
mit gesenktem Blick und in Stille.
Bei Eintreten des Abtes verbeugten sie sich wie üblich.
Zu ihrer Überraschung war der goldene Buddha,
der üblicherweise hinter dem Abt stand, verschwunden.

„Findet den Buddha!“, rief der Abt.

Die Mönche stoben auseinander;
alle außer Sumangala, dem Novizen,
der in der Küche arbeitete.
Er meditierte still weiter.

Einer nach dem anderen kehrten die Mönche zurück
und räumten ihr Scheitern ein.
„Grämt euch nicht“, sagte der Abt und
sah lächelnd zu Sumangala,
„wir haben unseren Buddha gefunden.“

„Meditation", sagte der Meister,
„bedeutet den Geist zu beruhigen.
Geht wieder in eure Hütte
und sitzt so lange, bis ihr nicht mehr
an den weißen Elefanten denkt."

Der Novize tat wie ihm geheißen,
fest überzeugt von der Einfachheit der vor ihm liegenden Aufgabe,
zumal er in seinem Leben
noch nie an einen weißen Elefanten gedacht hatte.

Eine Stunde lang versuchte er den Gedanken an
den weißen Elefanten abzuschütteln.
Doch er dauerte an.
Den ganzen Tag, die ganze Woche,
den ganzen Monat versuchte er es,
doch das Bild des weißen Elefanten
hielt sich hartnäckig in einer steigenden Flut
verwirrender und unerwünschter Bilder.

Er kehrte zurück zu seinem Meister
und gestand sein Scheitern.
„Den Geist zu beruhigen", sagte der Abt,
„heißt nicht, die Umtriebigkeit des Geistes zu beruhigen.
Es heißt unsere Frustration über diese Umtriebigkeit zu beruhigen.
Je stärker wir danach streben, das Geschnatter zu beenden,
desto stärker wird es.
Zu versuchen, die Umtriebigkeit des Geistes zu beenden,
ist wie das Löschen eines Feuers
mit Benzin."

Nur mit Liebe kann jemand Stille kennen.
Dieser ruhige Geist, das Lotusblüten-Herz,
in Frieden mit allem und jedem,
erwächst auf natürliche Weise aus dem Teich
der liebevollen Güte.

Teile jede Mahlzeit,
bedank' dich für jedes Geschenk.

Schließe niemanden aus deinem Herzen aus,
da nur Liebe dem Hass ein Ende bereiten kann.
Der Schatten meines Feindes ist nur deswegen so dunkel, weil
das Licht tief drinnen so hell ist.

Mein Verstand folgert: Ich bin Nichts.
Doch mein liebendes Herz spricht: Ich bin Alles
und Jeder.

Wir erfahren Inspiration vom Buddha,
der immer da saß mit einem sanften Lächeln,
vielleicht amüsiert darüber, wie wir etwas verkomplizieren,
das so einfach ist wie die Wahrheit.

Ähnlich einem Mann ohne Hände,
der versucht eine Faust zu machen –
dränge nicht, zerre nicht,
versuche nicht einmal zu sitzen.
Sitz einfach.

Erleuchtung ist nichts schrecklich Heiliges,
nur ganz viel Raum.

Der Meister war sehr krank,
manche sagten, er verabschiede sich wohl bald.
Zu alt und gebrechlich, um sich zu bewegen,
rieten alle Ärzte, er solle essen,
um wieder zu Kräften zu kommen,
damit er ins nächstgelegene Krankenhaus gebracht werden kann.

Alle Arten von Speisen wurden ihm gebracht.
Exotische Früchte von den Inseln,
seltener Reis von den Hügeln,
besonderer Käse, versilberte Eier,
alles zubereitet von den besten Köchen,
und zu ihm gebracht auf goldenen Tabletts
von seinen zahlreichen und wohlhabenden Anhängern.

Doch immer noch aß er nichts.
Er glitt dem Tod immer näher.

Einem jungen Mann aus armer Familie
kam das Los des Meisters zu Ohren.
Er lief den ganzen Tag, um ihm die letzte Ehre zu erweisen.
Er traf ein und stand in einer langen Schlange von Anhängern,
von denen jeder ein besonderes Gericht bei sich trug,
um den Meister
zu neuem Leben zu erwecken.

Als der arme Junge dem Ende der Schlange näherkam
schämte er sich, da er doch bei sich
nur einen alten, verschrumpelten Apfel trug,
den er sich für den Heimweg aufgehoben hatte.
Der Junge hatte den ganzen Tag nichts gegessen.

Schließlich stand er vor dem Meister.
Er machte ihm seine Aufwartung
und legte den Apfel auf den Altar voller Speisen.
Die Augen des Meisters öffneten sich just in diesem Moment.
Und er streckte seine Hand aus.

Während seine Anhänger in andächtigem Schweigen verharrten,
nahm er den verschrumpelten Apfel
und aß.
Als er das tat, begann seine Kraft wiederzukehren,
Genug, um diese wenigen Worte zu flüstern:

„Ein Geschenk, um ein wahrhaftiges *dāna* zu sein,
muss ehrlichen Herzens gegeben werden, ohne Streben nach eigenem Vorteil.
Nur einer von euch hat alles gegeben, das er besaß.
Nur seine bedingungslose Liebe
konnte mich davon überzeugen,
noch etwas länger in dieser Welt zu verweilen."

Im Dschungel legen Jäger
eine Banane in einen Bambuskorb.
Darin ist ein Loch, gerade groß genug
für eine Affenhand.
Der Affe greift hinein und packt die Banane.
Nun kann er seine Hand nicht herausziehen.
Er hat sich selbst gefangen.
Um sich zu befreien, muss er einfach die Banane loslassen.
Doch aus Gier und Ignoranz hält er fest an
diesem Grund seiner Gefangenschaft.

Lass los, lass los, lass los.

Meditation ist ein einziges Loslassen.
Ängste vor Schmerz, Krankheit und Tod,
lass sie ziehen.
Gedanken an Unheil, Tadel und Schuld,
lass sie ziehen.
Bilder von Christus, dem Buddha und meinem Lehrer,
lass sie ziehen.

Doch wir halten fest.
Wir halten fest an unserem Unglück,
wie ein misshandelter Welpe,
der nur ein Herrchen kennt.
Der Kompass zeigt auf den wahren Norden,
doch mit ihm tragen wir die zwei Magneten
Gier und Hass,
die den Zeiger verdrehen.
Elend ist unser einziger Freund,
doch wir fürchten Einsamkeit
mehr als wir Frieden wollen.
So sehr wollen wir frei sein
von unseren Makeln und Unreinheiten;
ohne zu verstehen, dass wir süchtig sind
nach dem Reiz dieses Elends.
Wir sind wie Kinder, die sich wünschen es
warm und gemütlich zu haben,
und doch nicht aufhören im Regen zu spielen.

Der Buddha ist nirgendwo hingegangen.

Du wirst ihn jeden Tag sehen,
in jedem Geschenk, das du machst,
in jeder einsamen Person, deren Freund du wirst,
in jeder obdachlosen Person, der du Unterkunft gewährst,
in jedem nackten Kind, das du mit Kleidung versorgst.
Er ist präsent,
wann immer du *anattā* erfährst.

Du wirst ihn jeden Tag sehen
in den Tränen des Kindes, das sich von seiner Mutter
verabschieden muss,
im aufgeblähten Bauch des Geflüchteten,
in der Verzweiflung der im Gefängnis Eingesperrten,
im Tod eines geliebten Menschen.
Er ist präsent,
wann immer du *dukkha* erfährst.

Du wirst ihn jeden Tag sehen
im Erblühen eines Baumes,
in der Rückkehr der Wasservögel,
im Gefrieren des Teichs,
im Schmelzen des Schnees.
Er ist präsent,
wann immer du *anicca* erfährst.

Nach der Entlassung aus dem Gefängnis
machte er sich auf den Weg zu seinem Meister.

„Haben sie dich hungern lassen?“, fragte der Meister.
„Ja, haben sie“, antwortete er.

„Haben sie dich isoliert?“, fragte der Meister.
„Ja, haben sie“, antwortete er.

„Haben sie dich gezwungen den Buddha zu verleugnen?“,
fragte der Meister.
„Ja, haben sie“, antwortete er.

„Haben sie dich gefoltert?“, fragte der Meister.
„Ja, haben sie“, antwortete er.

„Hattest du Angst?“, fragte der Meister.
„Nicht vor dem Hungern, nicht vor der Isolation,
nicht vor der geistigen Umerziehung,
noch vor dem körperlichen Schmerz, den sie mir zufügten“,
antwortete er.
„Am meisten fürchtete ich mich vor dem Verlust
von Liebe und Mitgefühl für meine Wärter.“

Sieh' den Berg wie ein Fluss es täte,
hör' den Strom wie ein Fisch es tut,
riech' den Rauch eines Feuers, wie es der Baum tun muss,
und berühre den Schnee, wie nur der Wind es kann.

Jenseits des Egos meiner „Ichs"
liegt die direkte Erfahrung dieser Welt,
frei von Erklärungen und Interpretationen,
und über jeglicher Lehre stehend.

Ich bin der Führende und der Geführte.
Ich bin der Gang und der Gehende.
Ich bin der Sehende und der Gesehene.

Ich bin Buddha.

Vielleicht ist es Zeit, weniger zu sitzen...
und mehr zu meditieren.
Aufmerksamkeit fällt leicht auf dem Kissen
und schwer auf der Straße.

Doch es ist hier, im Leben,
im Körper, im Hin und Her,
wo wir klarer unsere Unreinheiten erkennen,
unsere Verblendung, unsere Gier, und unseren Hass.
Und es ist hier, wo wir am dringendsten angehalten sind,
zu schauen, zu erkennen, bewusst zu sein,
mit all dem zu sitzen,
damit zu sein –
zu sein.
Wir müssen sitzen, während wir uns bewegen.

Meditation ist keine Flucht.
Es ist nichts als die stille Beobachtung der Realität.
Und das kann getan werden,
muss getan werden
mit jedem unserer Atemzüge,
mit jedem unserer Schritte.

Bei Sonnenuntergang ging der Mönch in den Dschungel.
Dort setzte er sich unter einen großen Baum,
schloss seine Augen und meditierte.

Seiner Stille entströmten Gefühle
von Liebe, Mitgefühl und Wohlwollen.
Spät in der Nacht rollte ein streunendes Kätzchen,
auf der Suche nach Wärme und Geborgenheit,
sich in seinem Schoß ein und schlief.

Bei Tagesanbruch, als der Mönch sich erhob,
nahm er einige Dorfbewohner wahr, die sich ihm näherten.
Sie machten dem Mönch ihre Aufwartung
und sprachen wie folgt: „Ehrwürdiger Herr,
ein menschenfressender Tiger hat letzte Nacht
unser Dorf angegriffen.
Und wir folgten seinen Spuren bis zu dieser Stelle.
Dort enden sie. Haben Sie diesen Tiger gesehen?"

„Solltet ihr diesen Tiger töten wollen,
dann habe ich euren Menschenfresser nicht gesehen.
Solltet ihr diesen Tiger vertreiben wollen,
ja, dann habe ich ihn gesehen.
Er ist hinter euch, während wir sprechen."

Als sie sein Brüllen vernahmen,
stoben die Dorfleute in alle vier Himmelsrichtungen auseinander.
Hinter ihnen stand das Kätzchen.
„Mein ehrenwerter Gefährte der Nacht,
mögest du genug Futter in diesem Dschungel finden,
um nicht im Dorf danach zu suchen."

Der Tiger verneigte sich und ging seiner Wege.

Allein in der Wüste und
nach Wochen des Meditierens, Betens und Fastens,
hatte der Zimmermann aus Nazareth
Besuch vom Buddha.

„Ich bin der Sohn Gottes“, sprach Jesus.

„Der bist du“, antwortete der Buddha.
„Denn Gott ist Wahrheit, Freundlichkeit und Weisheit,
und du bist die Verkörperung
von Wahrheit, Freundlichkeit und Weisheit.“

„Ich bin der Weg“, sprach Jesus.

„Der bist du“, antwortete der Buddha.
„Denn du hast
durch deine Worte und deine Taten
den Weg zur Befreiung vom Leiden gewiesen.“

„Wer auch immer an mich glaubt,
soll ewiges Leben erfahren“, sprach Jesus.

„Und so ist es“, antwortete der Buddha.
„Denn wer auch immer dem Weg folgt
soll *Nibbāna* erfahren.

„Und wer bist du?“, fragte Jesus.

„Ich bin dein Bruder“, antwortete Buddha.
„Wir sind geboren von derselben Mutter, Kontemplation,
und unser Vater war Erleuchtung.
Wir wurden geboren im Land des Leidens,
inspiriert durch die Wahrheitssuchenden, die vor uns kamen.

Wir beide wandten uns ab von unserem Beruf,
um die Antworten
auf jene höchst fundamentalen Fragen zu finden.
Und wir hinterlassen unsere Lehre
denen, die nach uns kommen.

Im Laufe der Zeit werden welche kommen,
die sagen, du und ich seien zwei.
Äonenlang werden diese blinden Menschen
viele in die Irre führen.
Doch die Zeit wird kommen,
in der die Wahrheit regiert,
und in der du und ich wieder
als Brüder erkannt werden."

Sie stritten bis tief in die Nacht.
Welcher Weg war der wahre?
Welche Texte waren authentisch?
Welche Schule lehrte das reine Dhamma?

Spät am Abend kam ein Dienstjunge
und trug Tee herbei.
Die Last war schwer, so wurde
jeder Schritt sorgfältig bemessen
und mit Bedacht genommen.

„Und was machst du hier?“, fragte
einer der hochgelehrten Mönche.
„Ich serviere Tee“, antwortete der Junge.

„Von wo bist du?“
„Von Hier.“

„Wann hast du zu arbeiten begonnen?“
„Jetzt.“

Der Dienstjunge lächelte,
verbeugte sich und ging davon.

„Vielleicht“, sagte der Mönch,
„sollten wir, die Lehrer,
einen wie diesen beobachten,
den wir anzuleiten hoffen.
Denn er hat ein klareres Verständnis davon als wir,
dass Wahrheit nicht darin besteht
mehr Antworten zu finden,
sondern weniger Fragen zu stellen.“

Der Meister empfahl ein Floß, um ans andere Ufer zu gelangen,
wo ein Leben in Frieden und Klarheit wartete.
So recherchierte der Schüler die Baumstämme
mit dem stärksten Auftrieb,
er studierte Strömungen und Gezeiten.
Er besuchte herausragenden Bauunterricht.
Und er perfektionierte seinen Ruderschlag, welcher ihn
mühelos über die Wassermassen hinwegtragen sollte.

Zehn, zwanzig und manchmal dreißig Tage lang
und für Stunden am Stück trainierte er
den Fluss hoch und runter.
Er entwickelte sich zu einem großartigen Floßfahrer.
Er war ganz besessen von der Idee eines perfekten Floßes.
Das einzig wahre Vehikel,
um ihn ordentlich durch die trügerischen Gewässer zu navigieren.

Sein Ziel, das ferne Ufer zu erreichen,
hatte er ganz aus den Augen verloren,
als er sein Buch über Flöße abschloss.
Er investierte viel Zeit, um hochkarätige Konferenzen zu besuchen.
Er wurde für Vorträge an angesehen Instituten eingeladen.
Seine vielen Schüler
nahmen den Großteil seiner Zeit in Anspruch.

Sein Meister saß und wartete auf seine Ankunft,
doch das ferne Ufer blieb unerreicht.

Die Essenz des Dhamma ist Meditation.
Sie leitet uns zur direkten Erfahrung der Lehre.
Sie ist die das sine qua non, ohne welches
das Dhamma nichts ist als Formulierungen,
leere Gebote und Verbeugungen,
bloßes Streben nach hohen Idealen.

Wenn man Meditation aus dem Dhamma herauslöst
und ohne die Einbettung in die Lehre sitzt,
so ist das, wie den Fötus der Einsicht abzutreiben,
noch bevor die Befreiung geboren werden kann.
Es ist wie wenn man das Benzin aus dem Auto holt
und hofft, der Brennstoff allein
sei alles, was man braucht, um nach Hause zu kommen!

Meditation ist der Gebirgsquell,
der den Ganges des Dhamma gebiert.
Der Versuch, diesen Quell der Lehre einzufangen und
in Flaschen zu füllen,
hindert das Dhamma daran,
jemals sein volles Potential zu entfalten,
und die Wüsten des Leidens zu bewässern.

Freundschaft ist keine wahre Freundschaft,
wenn sie sich auflöst, sobald wir verletzt
oder abschätzig behandelt werden von denen,
die wir am liebsten haben.

Lass mich mich selbst und andere danach beurteilen
wie edel unsere Absichten sind,
und lass mich in jenem einen wahren Freund erkennen,
der sich auch mal irrt und mich enttäuscht,
doch dessen Herz frei von Böswilligkeit ist.
Und dessen Geist keine Rachsucht kennt.

Es sind nicht die Ergebnisse oder Auswirkungen
unserer Taten, die Selbstbeobachtung erfordern,
sondern unsere Absichten.
Ich habe wenig Macht über die Vorgänge
auf dem Billardtisch des Lebens,
doch ich kann sicherstellen, dass der Stoß des Queues
ehrlich und wahrheitsgetreu ist.

Liebenswürdigkeit ist beides, sowohl das Mittel zur Befreiung
als auch der Zweck.
Sie ist die Voraussetzung und die Folge,
sowohl der Weg als auch die Frucht der Verwirklichung,
Alpha und Omega.

Bevor jegliche echte Einsicht erreicht werden kann,
bevor auch nur der erste Schritt genommen werden kann,
muss Liebenswürdigkeit gegeben sein.
Und wenn all die Arbeit getan ist
und alle Unreinheiten abgelegt wurden,
ist alles, was bleibt, Liebenswürdigkeit.

Zwei Mönche kamen zu einem Bergbach.
Dort stand eine wunderschöne junge Frau,
zu ängstlich, um ihn zu überqueren.
Der ältere Mönch hob sie hoch
und transportierte sie über den Strom.

Die Mönche setzten ihre Reise fort,
der ältere Mönch ruhig, glücklich und zufrieden,
der junge Mönch perplex und aufgewühlt.
Schließlich konnte er sich nicht mehr zurückhalten.

„Wie konntest du diese Frau über den Fluss tragen?
Wir haben einen Eid geschworen, keine Frau anzufassen.
Wie konntest du diese Frau in deinen Armen tragen?“

„Ach, diese Frau?“, sprach der alte Mönch.
„Ich setzte sie ab nach dem Überqueren des Flusses.
Warum trägst du sie noch immer?“

Stille ist nicht ruhig.
Ruhe ist das Gegenteil von Lärm.
Wenn du Ruhe willst,
geh' in einen Park.

Stille ist der stille Geist
hinter Ruhe und Lärm.
Wenn du Stille erfahren willst,
sitze.

Wenn du Ruhe suchst
von Anfang bis Ende,
dann bist du auf dem Holzweg.
Schule den stillen Geist hinter dem Lärm,
und wenn es dann einmal ruhig ist,
wird das kaum einen Unterschied machen.

Nach Ruhe zu suchen ist, wie
dich am Fuß zu kratzen
ohne vorher den Stiefel auszuziehen.

In Indien begegnete ich einer Bettlerin,
mit Staub und Schmutz überzogen,
am Straßenrand sitzend.
Jemand hatte ihr einen Teller mit Essen gegeben,
der einen räudigen und knurrenden wilden Hund anzog.
Er war zu hungrig,
und ohne ein Zögern teilte sie
ihr einziges Essen mit ihm.
Er aß und legte sich dann zu ihren Füßen nieder.

Verstrickt in ihren jeweiligen *kammas*,
gab es noch immer Raum für Liebenswürdigkeit.
Und wenn ich nur ihre Sprache sprechen könnte
(meine einzige Sprache war Überfluss
und sie sprach alle Dialekte bitterster Armut),
dann bäte ich sie, mir zu sagen
wie ihr Herz so hell leuchten kann
unter dem Staub ihres Lebens.

Der junge Novize kehrte zurück
zu seinem Meister nach einem Jahr
allein im Wald.

„Ich bin immer noch in Gedanken verloren,
ich vermisse meine Familie und Freunde
und ich kann meinen Geist nicht beruhigen.
Ich bin unglücklich!"

„Gut!", sprach der Meister.

„Wie kann das gut sein?"

„Der erste Schritt zur Befreiung ist zu erfahren,
dass Leiden in der Natur des Geboren-Seins liegt."

„Und der nächste Schritt?"

„Ist zu bemerken, dass dieses Leiden..."

„... gut ist?"

„Nein. Leiden ist nicht gut."

„Was ist dann gut?"

„Die Fähigkeit, das Leiden zu beobachten, ist gut."

„Gut."

Unser größtes Problem
ist der Versuch unsere Probleme zu lösen.
Dhamma ist nicht der Weg hinaus aus unseren Problemen,
es ist der Weg in sie hinein... und durch sie hindurch.
Meditation ist ein Nomen, kein Verb, und oft
ist es der wichtigste Akt, nicht zu agieren.

Derselbe Denkprozess,
der uns dieses ganze Durcheinander erst eingebracht hat,
kann uns nicht aus unserem Dilemma befreien.
Das ist wie der Versuch meine verbrannte Hand zu heilen,
indem ich kochendes Wasser darüber gieße.

Unser Ziel sind nicht Antworten,
sondern weniger Fragen.
Sei aufmerksam. Sei gegenwärtig.
Höre das Jetzt.

Das Dhamma ist keine Religion,
obgleich es spirituell ist.
Es ist keine Entspannungstechnik,
obgleich es beruhigend ist.
Es ist keine Philosophie,
obgleich es logisch ist.
Es ist nicht passiv,
obgleich es gleichmütig ist.
Es ist nicht aktiv,
obgleich es belebend ist.
Es strebt nicht,
obgleich es ein Ziel hat.
Es behauptet keinen Himmel,
obgleich es Erlösung mit sich bringt.
Es spricht nicht von Sünde,
und hat doch moralische Grundsätze.
Es mahnt vor Habgier,
auch wenn es Ehrgeiz benötigt.

Du musst alle Hoffnung aufgeben,
und doch brauchst du unerschütterliches Vertrauen.

Der Geist ist wie ein gefrorener Teich.
Obgleich er in seinem wahren Wesen ganz aus Wasser ist,
braucht er die Energie der Dhamma-Strahlen,
um zu schmelzen.

Wenn Eis schmilzt, dann fließt Wasser und befeuchtet;
erst dann kann es die ausgetrockneten Felder bewässern.

Wenn der Geist sich reinigt, dann sind die Gedanken
offen und klar;
erst dann kann er mit Liebenswürdigkeit und Weisheit
funktionieren.

Das Dhamma lehrt uns nicht anzuhaften.

Wenn wir zwanzig Stunden am Tag sitzen,
in einer abgelegenen Höhle,
auf der Spitze eines Berges,
nur Früchte und Beeren essend,
die von Bäumen gefallen sind
und nur Lumpen tragend aus Abfällen,

und gleichzeitig
sind wir voller Stolz, ein ach so heiliges Leben zu führen,
dann sind wir unserem Loslassen zu sehr verhaftet.

Wir vergeuden unsere Zeit.

Das weltliche Leben aufzugeben
und dem heiligen Leben anzuhaften,
ist wie ins Feuer zu springen,
um nicht zu ertrinken.
Besser ist es, wenn ich mir meiner Anhaftung bewusst bin,
als nicht bemerkend, dass ich unangehaftet bin.
Schlimmer noch ist es, wenn ich meiner Achtsamkeit anhafte.

Verlangen stellt die Wurzel meiner Probleme dar.
Das Leben ist nur dann problematisch,
wenn ich mich danach sehne, es solle doch anders sein.

Mein Getrenntsein von dir ist in dem Maße schmerzhaft,
wie ich mich danach sehne, bei dir zu sein.

Meine Krankheit ist in dem Maße Leiden,
wie ich mich danach sehne, gesund zu sein.

Mein hohes Alter ist in dem Maße Elend,
wie ich mich nach meiner Jugend sehne.

Mein Tod ist in dem Maße beängstigend,
wie ich ein langes Leben ersehne.

Das Leben ist ein großes Problem,
wenn ich versuche ihm aus dem Weg zu gehen.

Nur wir Menschen wollen, dass Kühe fliegen.
Die Kühe geben sich zufrieden mit grasen.

Das Leben ist wie das Ausschöpfen eines Bootes
mit einem Loch drin.
Egal, wie schnell wir arbeiten,
egal, wie groß unsere Kelle,
egal, wie viele Freunde uns helfen,
das Wasser dringt weiter ein.

Doch was, wenn wir die Tatsache akzeptieren,
dass unser Boot ein Loch hat
und früher oder später sinken wird?

Wir schöpfen weiter
ohne jegliche Hoffnung, das Wasser aufzuhalten,
Einfach weil Schöpfen das Ding des Lebens ist.
Nun befreit von der Sehnsucht,
die Tragödie unserer Existenz zu lösen,
können wir unsere Augen auf die Himmel über uns richten,
und uns wärmen am Wunder und an der Freude
an der Vergeblichkeit von allem.

Don't worry —
Es wird noch schlimmer.

Ein paar Mönche leiteten eine Meditationssitzung
im achtzehnten Stock eines Büroturms in Tokyo.
Ein Erdbeben erfasste das Gebäude.
Glas zersprang. Alarmglocken erklangen.

Bis auf den letzten flohen alle Schüler,
einen Moment zuvor noch so gesammelt sitzend,
aus der Halle und stürzten nach draußen.

Die Mönche verneigten sich vor dem Abbild des Buddha,
standen auf und schritten bedächtig zum Ausgang.
Ein Erdbeben war keine Entschuldigung
die Fassung zu verlieren.

Möge ich nicht praktizieren, was mein Lehrer gelernt hat,
sondern lernen, was mein Lehrer praktiziert.

Erleuchtung ist nichts anderes als
wach zu sein.
Ich strebe danach, mir jedes vorbeiziehenden Moments voll
bewusst zu sein,
und vollkommen gewahr jedes einzelnen Flatterns
in der Brise des Lebens.

Und eine Brise ist es gewiss,
denn wenn die Winde des Begehrens zum
Abflauen gebracht wurden,
toben weder die Stürme des Ego
noch wütet der Zorn.

Bewusst. Gewahr.
Still sitzend, auch während ich unterwegs bin.

Du bist ein Christ.
Aus unerklärlichen Gründen
spricht Christus dir zu.
Ich kapier' es nicht.
Gott hat einen mittelalten Zimmermann dazu auserwählt,
am Kreuz gefoltert zu werden,
um uns von unseren Sünden zu befreien.

Ich bin ein Buddhist.
Aus unerklärlichen Gründen
gehe ich mit Buddha in Resonanz.
Auch das verstehe ich nicht.
Ein Prinz entsagt seinen Pflichten und seiner Familie,
um das Leben einen Bettlers zu leben,
um den Ursprung des Leidens zu finden.

Dies sind die von uns gewählten Boote, um
den Fluss des menschlichen Leidens zu überqueren.
Doch von Buddha oder von Christus zu erwarten,
sie mögen unsere Boote rudern, ist töricht.
Wir müssen das selbst tun, und dafür
benötigen wir die Ruder des Dhamma.
Das Verstehen des universellen Gesetzes von
Ursache und Wirkung
beruhigt die Mächte der Nacht
und erlaubt es der Liebe und der Freundlichkeit,
unsere Leben mit Licht zu erfüllen.

Durch das Meditieren
sind wir wie die Kerze,
die zur Dunkelheit spricht:
„Ich mach's nicht mit!"

Unsere ruhige Gelassenheit
sagt zu den übereifrigen
Oberlehrern von Meinungen und Sichtweisen:
„Ich mach's nicht mit!"

Unser einsamer Verzicht
sagt zu den pervertierten
Fürsprechern sinnlicher Unterhaltung:
„Ich mach's nicht mit!"

Unsere erhabene Entschlossenheit
sagt zu den lüsternen
Beschaffern sofortiger Befriedigung:
„Ich mach's nicht mit!"

Meine Meditation ist eine stille, aber starke Kerze,
die zu allen Mächten des Dunklen spricht:
„Ich mach's nicht mit!"

Glück ist, was wir suchen,
doch Vergnügen ist, wonach wir Ausschau halten.
Wir sind wie der Mann, der seine Schlüssel
im Keller verlor.
Er sucht oben nach ihnen,
da dort das Licht besser ist.
Wer nach dem Glück
nur im hellen Licht sucht,
ist dazu verdammt, vergeblich zu suchen.

Wie Nazruddin essen wir weiter Chilischoten,
und warten darauf, eine süße zu erwischen.

Als Lehrer von Geduld und Toleranz
hat Buddha versagt.

Er machte uns keine Probleme.
Er versuchte nicht uns zu schaden.
Er hegte uns gegenüber keine Missgunst.

Es sind unsere Feinde,
von innerer und äußerer Sorte,
die uns Gelegenheit geben
in Geduld und Toleranz zu wachsen.

Seien wir dankbar denen gegenüber, die uns verletzen,
denn sie halten uns das Dhamma vor Augen.
Wir müssen unsere Augen nur öffnen.

Wir sind hier, um einander eine Bürde zu sein.

Wir sehnen uns nach innerem Frieden.
Wenn unerwünschte Gedanken aufkommen,
sehnen wir uns danach, sie auszulöschen.
Doch die Gedanken sind nicht das Problem.
Es ist die Sehnsucht nach innerem Frieden,
die die Tür zur inneren Unruhe öffnet.

Tatsächlich ist es schwer, Gedanken nur zu beobachten.
Wir verstricken uns in verlockende Szenarien.
Wir flüchten vor furchterregenden Dauerschleifen.
Wir ersehnen ein Ende dieser Sucht
nach Anziehung und Abscheu.
Doch es ist genau dieser Wunsch,
der diesen ungebetenen Gedanken noch mehr Leben einhaucht.

Weisheit entspringt nicht dem Denken,
sondern dem klaren Erkennen
unserer Sehnsucht danach
frei von innerer Unruhe zu sein.
Der Denkende ist die eine Person.
Der Beobachtende eine andere.
Lerne ihn kennen.

Mein zerknirschter Gesichtsausdruck
spiegelte die Bürde von Familie und Zukunft wider,
die ich trug.

Keine Freunde hatte ich,
mir über diese Hürden zu helfen.
Keinen Mentor hatte ich,
meinen unbeständigen Geist zu beruhigen.

Verwickelt in das Mysterium der Ego-Täuschung,
suhlte sich das großartige „Ich“ in selbstsüchtigen Szenarien.

Eines Tages begegnete ich einem Kind,
das in der Sonne spielte.
Ich lächelte. Das Kind lächelte.
Mein Geist beruhigte sich für einen Augenblick.
War es sein Lächeln oder meins,
das den Sturm beruhigte?
Wessen Lächeln brachte wen zum Lächeln?

Ungeachtet dessen setzte ich meinen Weg fort
und ich verspürte eine wachsende Freude,
die mir zehnfach widergespiegelt wurde.
Ich sah, dass mein Glück auf unerbittliche Weise verflochten ist
mit deinem Glück.
Nur durch Wässern deiner Freude
kann meine Blühen.

Wenn ich sehe, dass du glücklich bist,
wird mein Glück automatisch verstärkt.
Während ich meine rechte Hand wasche,
wird auch meine linke gereinigt.

Der Pfad beginnt mit Freundlichkeit.
Die zehn *pāramīs* sind
Erweiterungen von Liebenswürdigkeit.

Wir sind freundlich zu anderen, wenn wir uns durch
ETHISCHES VERHALTEN rein halten.

Wir beweisen Freundlichkeit, wenn wir unsere
WEISHEIT entwickeln, so dass wir andere führen können.

Wir sind freundlich, wenn wir im
VERZICHT wachsen, so dass wir nicht überkonsumieren.

Wir leben Freundlichkeit vor, wenn wir
GLEICHMUT praktizieren, so dass wir unter Druck
ruhig und ausgeglichen bleiben.

Wir ermutigen uns selbst freundlich zu
GROßZÜGIGKEIT, um anderen zu geben, was sie brauchen.

Wir verleihen unserer Freundlichkeit Ausdruck, wenn wir
LIEBE gegenüber allen Lebewesen zeigen.

Wir sind freundlich, wenn wir
BEMÜHEN zeigen beim stetigen Versuch, unser Verhalten zu
verbessern.

Wir handeln mit Freundlichkeit, wenn wir die
WAHRHEIT unsere Worte und Taten bestimmen lassen.

Es ist freundliches Handeln, anderen gegenüber TOLERANT zu sein und sie nicht zu diskriminieren.

Und abschließend sind wir freundlich, wenn wir STARKE ENTSCHLOSSENHEIT darin entwickeln, keine der anderen neun *pāramīs* zu vernachlässigen.

Der Schüler wandte sich an den Meister.
„Ich erbitte demütigst,
tiefer in den Wald zu ziehen.
Ich höre den Lärm des nahegelegenen Dorfes,
und die Geräusche nerven mich.“

„Du bist's“, antwortet der Meister,
„der die Geräusche nervt.“
Das Geräusch ist nur ein Geräusch,
frei von jeglicher Absicht zu schaden oder zu beruhigen.
Lass es in Ruhe. Hör' auf es zu stören.
Lass das Geräusch einfach wieder Geräusche machen.
Kehr du wieder zurück zum einfachen Hören.
Einfach nur hören.

„Ich finde, Sie haben mir nicht genug Orientierung geboten."

Der Lehrer schwieg.

„Sie haben mich völlig allein gelassen."

Immer noch schwieg er.

„Ich musste all die Arbeit selbst erledigen."

Wieder Schweigen.

„Alles, was Sie mir gegeben haben, war Zeit, um die
Wahrheit selbst zu entdecken."

Noch immer Schweigen.

„Doch ich nehme an, auf lange Sicht war dies der beste Weg."

Schweigen.

„Ich fühle mich geehrt,
dass Sie mich genug respektiert haben,
um mich die Wahrheit selbst entdecken zu lassen."

Das Dhamma führt uns nicht heraus aus unseren Problemen,
sondern in sie hinein.

In unseren Problemen realisieren wir
die Zwecklosigkeit des Denkens.
In unseren Problemen erfahren wir
das Elend der menschlichen Existenz.
In unseren Problemen sehen wir die Ursache unseres Leidens.
Und in unseren Problemen sehen wir, dass wir die Ursache sind.

Das Dhamma nimmt uns mit hinein in diesen Morast
und durch ihn hindurch.
Das Dhamma ist mehr Brücke als Umleitung!

Ein weiser Heiliger sagte einst:
„Was du säst, das wirst du ernten."

Wenn wir Samen des Ärgers, des Neids oder Hasses säen,
werden wir nur Unkraut aus Trauer und Elend ernten.
Dies ist das universelle Gesetz der Natur.
Der Tag folgt auf die Nacht. Väter zeugen Söhne.
Der Apfel fällt nicht nur unweit des Baumes;
der Apfel ist der Baum.
Samen der Freundlichkeit, begossen mit Lächeln,
werden Blumen aus Glück und Freude hervorbringen.

Das Dhamma lehrt dich eigennützig zu sein.
Denk nur an dein eigenes Glück
und strebe beständig danach, es zu vermehren.

Doch während du an Weisheit gewinnst, wird es
mehr und mehr deutlich,
dass dein Glück unweigerlich mit anderen verbunden ist.
Dein Glück kann sich nicht vermehren auf Kosten anderer,
noch kannst du unglücklich bleiben,
wenn alle um dich herum sich in Freude ergießen.
Und magst du auch nackt, obdachlos und hungrig sein –
wenn das Glück anderer von größter Wichtigkeit ist,
wird unvergleichliche Freude dir Obdach geben, dich kleiden
und nähren.

Doch ohne Weisheit als Richtschnur wird,
auch wenn du alles in der Welt erreichst,
dein einziger Besitz das Elend sein!

Sei egoistisch.
Tu alles in deiner Macht Liegende,
um das Glück der anderen zu vermehren.

Zunächst müssen wir verstehen
wie ziemlich unbefriedigend das Leben ist.
Unglückliche Ereignisse halten ewig an,
glückliche Zeiten vergehen innerhalb eines Augenblicks.

Wir müssen diesen Zustand akzeptieren.
Das Leben beginnt mit dem Schmerz der Geburt
und endet mit dem Schmerz des Todes.
Und zwischen Alpha und Omega
lebt Un-Behagen.

Vertraue darauf, dass es einen Ausweg gibt,
nämlich zu verstehen, dass
die Ursache für diese Unzufriedenheit das
Wollen ist.
Wir möchten, dass die glücklichen Zeiten ewig andauern
und die unglücklichen Ereignisse im Handumdrehen
verschwinden.

Ein Leben ohne Schmerz ist nicht möglich,
aber ein Leben ohne das Verlangen, es sollte anders sein,
ist möglich.
Sobald man frei von Verlangen ist, bleibt zwar der Schmerz
bestehen,
aber das Leiden hört auf.

Vor langer Zeit lebte auf einer kleinen Waldlichtung
ein wohlhabender Mann.
Eine von Räubern und Schmugglern frequentierte Straße
führte vor seinem Haus entlang.
Oftmals baten sie ihn, über Nacht bleiben zu dürfen.

Aus Angst vor gewaltsamen Repressalien, wenn er ablehnte,
lud er sie ein zu bleiben, solange sie wollten.
„Mein Haus ist groß, mit vielen Kammern."
Er befahl seinen Dienern, sie gut zu behandeln.
Doch an seinen Tisch stellte er nur einen einzigen Stuhl,
auf dem saß nur er allein.

Er lächelte seinen Gästen zu, wünschte ihnen nichts Böses,
war gütig und großzügig,
doch immer wachsam, damit sie ihn nicht ausraubten oder verletzten.
Er lernte viel über ihre durchtriebenen und gerissenen Methoden.
Er lächelte über ihre unsympathischen und unbehaglichen Avancen,
und ihre verlockenden Angebote einfachen Reichtums.
Nie ließ er sie aus dem Blick.
Nie ließ er sich von seinem Stuhl stoßen,
und nie saßen sie mit ihm an seinem Tisch.

Mit der Zeit wurden es die Banditen müde, dort mit ihm zu verweilen,
da ihnen klar wurde, dass sie den Mann nicht überlisten konnten,
und sie kehrten nie wieder dorthin zurück.
Doch da er so geübt darin war, die Gäste in seinem Haus zu beobachten,

blieb er auch beim Besuch wohlhabender Händler
allzeit wachsam,
damit sie ihn nicht in das Spinnen ihrer Intrigen hineinzögen.
Und er fuhr fort nur einen einzigen Stuhl
an seinen Tisch zu stellen.

Man sagte, sein Heim schimmerte
von all dem Gold, das er beschützt hatte –
von Banditen wie Händlern gleichermaßen.

Kein Leid ist so ungerecht wie das meine.
Ich suche nach einem Grund für diesen unerwünschten,
unzumutbaren Zustand.
Wer oder was hat mein Unbehagen verursacht?
Vielleicht Eltern, womöglich Widersacher.
Dann wiederum vielleicht mein Arbeitgeber
oder meine genetische Veranlagung.
Ich muss irgendeinen Peiniger haben,
denn zweifelsohne habe ich Anspruch auf ewige Glückseligkeit.

Wenn ich überall hinzeige außer nach innen,
verweile ich für immer in Ärger, Frustration und Groll.
Doch die Befreiung liegt weit jenseits von Schuldzuweisungen.

Ich wurde von einem vergifteten Pfeil getroffen.
Welchen Unterschied macht es, wer ihn abschoss
oder von wo oder mit welchem Bogen.
Entferne ihn.

Buddhaṃ saraṇaṃ gacchāmi
Wir sind überzeugt, unweigerlich
genauso vollständige Befreiung zu erfahren,
wie der Buddha, der vollständig Erleuchtete,
es vor so langer Zeit tat.

Dhammaṃ saraṇaṃ gacchāmi
Wir sind überzeugt, dass die Weisung, die wir erhalten
über die universellen Wahrheiten
hilfreich und korrekt ist.

Saṅghaṃ saraṇaṃ gacchāmi.
Wir sind überzeugt, dass dies der richtige Weg ist,
nach dem Vorbild der Gemeinschaft der Ältesten,
die sich vor uns befreit haben.

Buddha, Dhamma, Saṅgha.

Wie ein einst Ertrinkender
sind wir geklettert auf dieses Floß der *Saṅgha*
mit einer Karte überreicht vom *Buddha*
und dem starken Wind des *Dhamma,*
um uns sicher zum entfernten Ufer zu tragen.

Nichts anderes brauchen wir,
um unsere eigene Erlösung zu erreichen.

Sei dankbar für alle Verletzungen,
die dir von Gegnern oder dem Schicksal zugemutet wurden.
Gib jede Beschimpfung mit einem Lächeln zurück,
bezahle jede Beleidigung mit einem Geschenk.

Eine wunderbare Gelegenheit, um Vergebung
und Verständnis zu üben, wurde geschenkt.
Nur die Verletzten können verletzen,
nur die Zornigen können zürnen.
Wer anders als die zuvor Missbrauchten, missbraucht?

Es ist nicht Gottes Gnade, die mich davon abhält,
dieses Spiel mitzuspielen.
Ich bin bereits voll dabei, bin eins mit dem, der mir etwas antut,
im Netz des menschlichen Elends gefangen.
Doch wenn ich dankbar bin, wähle ich nicht Rache,
sondern Toleranz.

Wenn das Herz sich öffnet, gibt es nichts Fremdes mehr.

Wenn ich wütend bin, gehe ich angeln,
um denjenigen an den Haken zu kriegen,
der mich verärgert hat.
Doch meine Wut hat mich bereits am Haken.
Mein aufgewühlter Geist weist mich darauf hin,
dass in Wahrheit ich das erste Opfer meines Zornes bin.
Wenn ich einen Ruck an der Schnur spüre,
denke ich: „Jetzt hab' ich ihn!"
Doch nur mich selbst hab' ich erwischt.

Wut ist, wie ein zweischneidiges Schwert
an der Klinge zu halten und mit dem Griff zuzuschlagen.
Nur ich bin am Bluten.

Suche nicht nach einem liebenden Lehrer
bis du ihn in jedem siehst.
Und wenn du ihn in allen siehst,
wozu noch brauchst du einen Mentor?

Wenn es uns an Freundlichkeit mangelt,
können wir sie in anderen nicht sehen.
Wenn es uns an Liebe fehlt,
finden wir nur Hass und Zorn.

Wenn ein Taschendieb den Buddha sieht,
sieht er nur Taschen.

Ein Mönch sagte zu seinem Begleiter:
„Es tut gut allein zu gehen."
Antwortete sein Begleiter:
„Genau. Es tut so gut, mit dir unterwegs zu sein."

Das ist Dhamma.
Totales Alleinsein und totale Verbundenheit.
Wenn ich allein gehe,
ist jeder mit mir.
Und wenn jeder mit mir geht,
bin ich allein.

Um gute Dinge zum Laufen zu bringen
und schlechte Dinge zum Aufhören,
hilft es am meisten, still zu sein.

Bemüh' dich nicht weiter, das Gute herbeizuführen.
Und versuch' erstmal, nicht mehr das Schlechte aus der Welt
schaffen zu wollen.

Kein Herbeiführen, kein Aufhalten,
nur Stille
in fortwährender Entfaltung.

Das Dhamma steht denen mit gebrochenem Herzen
besonders nah.
Nur wenn dein Heim abgebrannt ist
kannst du die Sterne sehen.
Wirf dein Leiden nicht weg;
es ist die fruchtbare Erde, aus der die Blumen der Wahrheit
erwachsen.

Umarme deinen Schmerz
und teile deine Freude.
Schmerz ist die Lehre,
Loslassen ist die bestandene Prüfung.

Der Meister begegnete seinem Schüler,
der die Pagode umrundete und eine Glocke läutete
nach jeder abgeschlossenen Runde.
„Was tust du?“, fragte der Meister.
„Ich suche die vollständige Erleuchtung“, sagte der Schüler.
„Besser ist es, sich in reinem Dhamma zu üben“,
antwortete der Meister.

Später traf der Meister wieder auf seinen Schüler.
Diesmal studierte er die Schriften.
„Was tust du?“, fragte der Meister,
„Ich suche die vollständige Erleuchtung“, sagte der Schüler.
„Immer noch ist es besser, sich in reinem Dhamma zu üben“,
antwortete der Meister.

Und ein drittes Mal stieß er auf seinen Schüler,
der dieses Mal in tiefer Meditation versunken war.
„Was tust du jetzt?“, fragte der Meister.
„Ich suche die vollständige Erleuchtung“, sagte der Schüler.
„Viel besser wäre es, sich in reinem Dhamma zu üben“,
antwortete der Meister.
„Doch was kann ich denn noch tun?“, fragte der Schüler
verzweifelt.

„Lass los.“

„Mein Lehrer ist bestimmt erleuchtet.
Er kann auf dieser Seite des Flusses sitzen,
während er sich auf der anderen Seite etwas aufschreibt."

„Mein Lehrer kann ein noch größeres Wunder vollbringen.
Wenn er auf dieser Seite des Flusses sitzt,
ist er sich dessen bewusst, dass
er auf dieser Seite des Flusses sitzt.
Und wenn er auf der anderen Seite des Flusses sitzt,
ist er sich dessen bewusst, dass
er auf der anderen Seite des Flusses sitzt."

Nach Jahren der einsamen Meditation in den Tiefen des Waldes
kehrte der Schüler zurück, um seinem Meister
von seinem Fortschritt zu berichten.

„Ich habe gefastet, auf Schlaf verzichtet und
lang und mühevoll meditiert", berichtete er.
„Und jetzt kann ich auf dem Wasser gehen!"

„Was für eine Zeitverschwendung", antwortete der Meister,
„wo es doch ganz in der Nähe ein ganz einwandfreies Boot gibt!"

Die einzelnen Wellen reisen zu ihrem Ziel
und branden schließlich an die Küste.
Das ist ihr Schicksal, doch nicht ihr Ende,
da sie wieder hinausgedrückt werden,
um den Kreislauf zu wiederholen.
Sie sind nicht so sehr einzelne Wellen
als vielmehr das Meer selbst.

Wenn du nicht das Richtige tun kannst,
oder nicht weißt, was das Richtige ist,
mach einfach das Nächstliegende
mit so viel Klarheit, Behutsamkeit und Freundlichkeit
wie du aufbringen kannst...
und dann vergib dir
wenn du völlig falsch liegst.

Das Dhamma zu riechen, ist wie eine Wolke einzuatmen.
Das Dhamma zu sehen, ist wie den Schatten der Nacht
zu erblicken.
Das Dhamma zu hören, ist wie dem Lied des Berges zu lauschen.
Das Dhamma zu berühren,
ist wie die Brise des Sommerregens zu spüren.
Das Dhamma zu kosten,
ist wie den Tau von der Lotusblüte zu nippen.

Schwierig ist sie tatsächlich, die Suche nach geeigneten Worten
um das Dhamma zu erfassen.
Es kann nicht ausgedrückt,
doch es kann erfahren werden.

Das Dhamma beantwortet nicht die großen Fragen.
Es lässt sie in den Hintergrund treten,
und erlaubt der Weisheit des Loslassens aufzusteigen.
Dann ist es möglich, wissend zu sein ohne Antworten,
und weise ohne Wissen.
Wissen eignen wir an.
Für Weisheit lassen wir los.

Der Bergbach weiß, doch kann er nicht antworten.

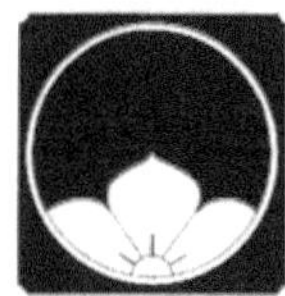

Nimm alle Traurigkeit deines Lebens
in deine linke Hand
und alle Freude in deine rechte.
Es braucht diese beiden Hände,
um die Wahrheit zu tragen.

Nur das Gute zu akzeptieren
und das Schlechte abzulehnen,
ist wie das Atmen
auf das Einatmen zu beschränken.

Ich fühle mich viel besser
jetzt, wo ich die Hoffnung aufgegeben habe.
Ich habe die Tatsache akzeptiert,
dass ich niemals alles hinbekommen werde.
Ich bin für immer zufrieden damit, von
himmlischer Glückseligkeit nur
ein einziges Bedürfnis weit entfernt zu sein.

Ich machte einen Spaziergang
einen alten Pfad entlang,
der sich hinter einem kleinen Marāṭhī-Dorf
um den Berg wand.

Als ich gerade einen Hügel erklomm,
wurde ich plötzlich gestoppt
von einer sich nähernden Büffelherde,
die gerade von den oberen Bergwiesen zurück kehrte.

Ein Entkommen war unmöglich.
Am Rande des Pfades lauerten Schlangen.
Umdrehen und rennen
könnte eine Stampede auslösen.
Ich stand still und schloss meine Augen,
und war sofort umhüllt von der donnernden Herde.

Jedoch wurde ich weder niedergetrampelt noch aufgespießt.
Die Tiere verlagerten ihre gewaltigen Körper,
um mich nicht zu erdrücken.

Ich wurde mir der Hitze aus ihren Körpern gewahr,
während sie sich langsam an mir vorbei schaukelten.
Dass sie mich leicht zertrampeln konnten, war offensichtlich.
Dass sie dazu keinen Grund hatten, war ebenso klar.
Ich stellte keine Gefahr für sie dar.
Und langsam erkannte ich, dass auch sie keine Gefahr für mich darstellten.

Sie waren einfach Büffel,
sehr dumm und irgendwie ungelenk.

Sie waren sich weder ihrer Stärke bewusst,
noch der Angst, die sie einflößen konnten.

Als ich später still in meiner Meditationszelle saß,
stellte ich mich den Pfeilen und Schleudern
meines wütenden Geistes.
Auch diese Eindringlinge sind sich
weder ihrer einschüchternden Wirkung bewusst,
noch meiner tiefen Abneigung gegen ihr Eindringen
in meinen Zustand von Frieden und Gelassenheit.

Sie sind nur Hindernisse, dumm und ungelenk,
die losstürmen, wenn wir vor ihnen davonlaufen,
und erstarken, wenn wir versuchen zu fliehen.
Tritt dem Büffel gefasst gegenüber.

Ich bin weit gereist, durch Wüsten und Berge,
und kehrte zurück, um Freunde mit Geschichten zu unterhalten,
denen mit jeder Erzählung mehr Gefahr und Wagemut
innewohnte.

Aber der schönste Teil jeder Reise war es,
Freunde und Familie wiederzusehen,
mit einer neuen Wertschätzung für die einfache Geste,
eine Tasse Tee mit den Menschen zu teilen, die man liebt.
Das alltägliche Leben, vor dem ich so viele Jahre geflohen war,
nahm einen sanften, zarten Schimmer an,
den ich in früheren Zeiten nicht gekannt hatte.

Und jetzt kann ich mit Sicherheit sagen,
dass das größte Abenteuer nicht darin besteht
neue Länder zu erforschen,
sondern darin, die bekannte Landschaft
aus einer neuen Perspektive zu betrachten.

Im Verlauf intensiver Meditation steigen viele Geisteszustände auf:
Langeweile, Ärger, Neid,
Angst, Abscheu, Verlangen.
Sie alle kommen früher oder später vorbei.

Doch wenn man geduldig ist,
wenn man ihnen etwas Raum zugesteht,
sehen wir, wie sie aufsteigen,
ein wenig verweilen
und unweigerlich weiterziehen.

Sie sind gar nicht so beängstigend.
Sie sind nur so mächtig
wie unsere Angst es ihnen erlaubt.

Wenn wir Stöcke auf bellende Hunde werfen,
erregen wir sie umso mehr.
Lächle, lass sie tun, was Hunde eben tun,
und ihr Bellen, und sogar ihr Beißen, hört auf.

„Ich bin noch nicht bereit mit dem Meditieren zu beginnen.
Zu viel geht mir durch den Kopf.
Ich muss noch diese Sache mit meiner Frau ausklamüsern,
und ich zerbreche mir den Kopf
über diese Geschichte auf Arbeit.
Ich muss warten, bis sich das alles legt in meinem Geist
und sich ein wenig Frieden einstellt."

Mein Lehrer lächelte.
„Diese Fragen werden sich beizeiten klären,
doch neue werden an ihrer statt auftauchen.
Auf Frieden zu warten, bevor man sich
auf die Suche nach der Wahrheit begibt,
ist wie harren auf den Universitätsabschluss
noch bevor man das Lesen lernt.

Wir sehen unser Leben dunkel durch eine Glasscheibe.
Nicht unser Leben braucht das Reinemachen,
sondern die Scheibe selbst.
Wir können für immer und ewig darauf warten, dass
die Sonne abkühlt.
Besser ist es einen Sonnenhut zu tragen.

Ich ziehe das Wort „sitzen“ dem Wort „meditieren“ vor.
Meditieren könnte man als eine weitere Sache verstehen,
die wir tun,
eine Tätigkeit, eine Übung, eine Anstrengung.
Es könnte ein Hobby sein oder ein Spiel.
Sitzen ist nicht-aktiv, es ist eine Nicht-Übung.
Es ist akzeptieren, offen, beobachtend,
frei von Bewertung.
Es ist eine Gelegenheit, sich der Realität gewahr zu sein,
in und ohne uns,
und im Reinen zu sein mit jener Realität.

Es ist der ultimative Akt des Mutes:
nicht wegzurennen.
Wir versuchen nicht zu fliehen.
Wir sitzen.

Wo auch immer wir sind, wir sehnen uns woanders zu sein.
Mit wem auch immer wir sind, wir sehnen uns
mit anderen zu sein.
Was auch immer wir haben, wir sehnen uns nach etwas anderem.
Es ist hoffnungslos.
Dieses Verlangen nach anders-als-es-ist geht unablässig weiter.
Doch das ist nicht Geist, sondern ein Geisteszustand.
Frieden heißt Abstand zu nehmen von
diesem ständigen Gependel,
um das Verlangen als das zu sehen, was es ist:
unstillbare Unzufriedenheit.

Tritt einen Schritt zurück.
Um die Schönheit des Bildes zu sehen, müssen wir
Abstand nehmen.

Oftmals kam ich zu meinem Lehrer
mit Beschwerden über meine Schmerzen.
„Quäle dich nicht“, sagte er, „es könnte sich verschlimmern!
Und vielleicht hört es niemals auf.“

Diesen Schmerz
als einen möglichen Dauerzustand zu akzeptieren,
war seltsam beruhigend.
Befreit von dem Wunsch, mich
dieses Angriffs auf meinen Frieden zu erwehren,
verging der Schmerz.

Mürrisch und selten lächelnd,
hatte mein Vater keine Geduld für Dummheiten.
Er sprach wenig, lachte noch weniger,
und schenkte den Großteil seiner Zuwendung seinem Auto.

An einem späten Abend nach einer Party
hatte ich einen Unfall mit diesem stolzesten Besitz.
Ich blieb wach für den verbleibenden Rest der Nacht,
bis ich seine Hausschuhe in die Küche schlurfen hörte.

Er setzte sich ans Küchenfenster
und trank seinen Vor-Bier Kaffee.
Ich ging bangend auf ihn zu,
während meine Erschöpfung meine Angst
vor seinem drohenden Zorn noch verstärkte.

Ich erzählte ihm schnell von dem Unfall.
Ich wappnete mich vor dem aufziehenden Sturm.
„Hast du dich verletzt?“, war alles, was er fragte.

Und in diesem Moment
traf ich meinen Vater
zum allerersten Mal.
Ich fragte mich, wo er sich versteckt gehalten hatte,
die letzten achtzehn Jahre.

Doch nicht er war es, der sich versteckt hatte, sondern ich.
Ich versteckte meine Liebe für ihn hinter meinem Ärger
über sein wortkarges Wesen.

An diesem Morgen vor so langer Zeit
setzte diese einfache Frage meine Liebe frei,
und ich erkannte, dass die Liebe meines Vaters
immer da gewesen war.
Wer keine Liebe im eigenen Herzen trägt,
ist dazu bestimmt, für alle Ewigkeit
nach der Liebe anderer zu suchen.

Schau nicht auf meine Taten, wenngleich sie Schaden angerichtet haben,
noch auf meine Worte, die dich sehr verletzten.
Diese im Geist zu wälzen, befeuert nur deine Kränkung.
Schau auf die Absichten hinter diesen Taten und Worten.
Darin liegt die Wahrheit, die es zu bewerten gilt,
denn nur die Absicht zu schaden oder zu verletzen ist falsch.

Ich ersuche dich nicht um Vergebung,
doch es obliegt dir zu vergeben.
Ich erbitte nicht deine Liebe,
doch es ist an dir zu lieben.
Ich erwarte nicht dein Mitgefühl,
doch vergiss nicht mitfühlend zu sein.

Ohne Vergebung, Liebe und Mitgefühl
wird Elend dich verfolgen,
so sicher wie der Karren dem Pferd folgt.

Zorn wird zwar von äußeren Ereignissen und Menschen
angeregt,
wohnt aber tief in unserem Inneren
und bricht hervor, wenn unser Ego-Bild sich
infrage gestellt sieht.
Beleidigungen in unsere Richtung, Meinungen über uns
sind nicht so sehr das Problem
wie unsere Reaktionen auf solche Beleidigungen und Meinungen.

Diese Angriffe bleiben nur Schall und Rauch,
wahrlich bedeutungslos,
wenn wir unsere Ausgeglichenheit bewahren.

Seltsam ist es doch, dass, während wir uns
in einem fremden Land aufhalten,
Beschimpfungen auf taube Ohren stoßen
und uns ungestört lassen,
trotz derselben Absicht, zu kränken.
Unerwiderte Beschimpfungen
verbleiben beim Täter.

Sei taub gegenüber den Beleidigungen,
und blind gegenüber ihrem Tun.
Verweile im Innen.
Lausche der Ansammlung von reaktiver Wut,
die dort lagert,
und tue nichts.

Wo sind all die Höllenreiche, von denen der Buddha sprach?
Sie existieren im gefesselten Geist, im aufgewühlten Geist,
im undisziplinierten Geist, der Vergnügen sucht
anstatt Glückseligkeit,
und der Anstoß nimmt an unterbrochener Ekstase.

Die Höllenreiche sind in demjenigen Geist zu finden,
der sich durch die Kanäle zappt und hofft
die Langeweile zu vertreiben.
Sie gären und vermehren sich, wenn virtuelle Realität
die Realität ersetzt,
und sie zeigen sich, wenn zu Rauschmitteln gegriffen wird,
um jegliches Unwohlsein auszulöschen.
Die Höllenreiche rufen: „Ich will es aber anders!"

Höllenreiche sind omnipräsent,
wenn wir uns sehnen nach dem,
was wir nicht haben.

Ich hatte Bilder von Dhamma Giri gesehen,
einem Meditationszentrum in Indien...
Unberührt, üppig, friedlich und abgeschieden.
Als ich dort eintraf,
um eine lange Zeit zu meditieren,
übertraf seine Schönheit bei Weitem die Bilder,
die ich gesehen hatte.
Das Paradies.

Ich begann zu sitzen und die Unreinheiten meines Geistes
kämpften um die Kontrolle.
Ich schritt auf den Wegen Dhamma Giris dahin,
den Blick nach unten gerichtet,
bedrückt und aufgewühlt,
mein Unwohlsein überstieg alles, was ich mir vorgestellt hatte.
Die Hölle.

Was hat das Paradies Dhamma Giri zur Hölle werden lassen?
Niemand anderer als ich selbst war schuld.
Ich hatte aus einem Paradies meine eigene Hölle geschaffen...
und ich war entschlossen,
mein eigenes Paradies zu erschaffen aus dieser Hölle.

Der Geist ist entscheidend.

Sein Leben war ein beispielloser Erfolg.
Er arbeitete lang und hart, aber
kein Verlangen blieb unerfüllt.
Er unterhielt ein besseres Auto als all seine Freunde,
ein edleres Haus, eine schönere Frau und
eine üppigere Speisekammer.

Mit der Zeit verlor sein materialistisches Leben an Reiz,
und er suchte nach einem einfacheren Ort,
frei vom endlosen Streben nach dem letzten Schrei.
Er wollte dem Nummer-Eins-Sein entkommen.
Er rasierte sich den Kopf und ging ins Kloster
tief im Wald.
Er hatte nichts als abgelegte und zerrissene Roben zu tragen,
und eine rostige Bettelschale, um Essen zu sammeln.

An seinem ersten Tag stand er in der Reihe
und wartete auf was auch immer an Essen die Dorfbewohner
in seine Schale legen mögen.
Da bemerkte er, dass der Mönch neben ihm
eine neue, glänzende Stahlschüssel hatte.
Sein Geist füllte sich mit Neid und Wut,
und er sann darüber nach, wie auch er
an eine solche Schüssel kommen konnte.

Verlangen ist Verlangen, egal ob danach die Welt zu beherrschen,
oder danach, eine einfache Stahlschüssel zu besitzen.
Verlangen erzeugt Leiden.

Es lebt derjenige ein heiliges Leben,
der frei ist von Verlangen,
nicht der, der die Robe angelegt hat
und in abgelegenen Wäldern wohnt.

Um den Geist zu befreien, müssen wir uns nicht lossagen
von unseren Jobs, unseren Autos, unseren Wohnungen.
Wir müssen die Anhaftung aufgeben.

Wenn die Dunkelheit verschwindet, wird es Licht.
Wenn wir die Unreinheiten loslassen,
und alles, woran wir festhalten,
bleibt uns die Reinheit.
Es gibt nichts zu bekommen, zu erwerben,
keinen Zustand zu erreichen.

Wir entwickeln uns nicht, wir lassen nur ab.
Wir gehen nirgendwohin, wir lassen nur zurück.
Wir erlangen nichts, wir lassen nur los.
Und wir erreichen nichts, wir lassen nur ziehen.

Die Last unserer Unreinheiten wiegt schwer.
Wir müssen keine starken Muskeln entwickeln, um sie zu tragen.
Wir müssen sie nur ablegen.

Der junge Ziegenhirte
sah Buddha unter einem Baum sitzen.
Verzaubert von seiner Gelassenheit,
näherte er sich Buddha und fragte:
„Bist du ein Gott?"

„Nein", antwortete Buddha. „Ich bin kein Gott."

„Bist du also ein Mensch?", fragte er.

„Nein", antwortete Buddha. „Ich bin kein Mensch."

„Was bist du dann?", fragte der Junge.

„Ich bin erwacht!", sagte der Buddha.

Tief im Wald, in der Sommerhitze,
entschlossen wir uns abends draußen zu meditieren.
Durch die Bäume konnte uns unsere Nachbarin sehen,
die unser heidnisches Benehmen sehr missbilligte.
Um ihr Missfallen zu äußern und uns
zu ihren Ansichten zu konvertieren,
holte sie ihre Trommeln nach draußen
und begann zu üben, sobald wir uns setzten.

Als Novize nahm ich ihr dieses Eindringen
in meine Ruhe übel.
Ich verabscheute sie wegen ihrer Abscheu.
Ich bemerkte, dass die anderen Mönche
sich an dem Tumult nicht zu stören schienen.
Sie sprachen von dem *kyasaku*, einem Stock, den man
in der Zen-Praxis verwendete,
um Meditierende wach und wachsam zu halten.
Dies also sollte dann unser *kyasaku* sein,
und wir sollten große Dankbarkeit für seine Hilfe entwickeln.
Nach jeder abendlichen Sitzung dankten wir innerlich
unserer Nachbarin für die Stärkung unserer Praxis.

Ich verließ das Kloster kurz darauf,
doch ich bemerkte, dass jede Mediationshalle,
jeder Tempel, jedes Retreat,
einen ungebetenen Trommler hat, um uns
wach und wachsam zu halten.
Sei dankbar.

Wir saßen alle in der Meditationshalle,
zweihundert an der Zahl, gefangen in unserem Ringen
um Fokus und Ausgeglichenheit.
Außer einem sehr aufgeregten Mann,
der in unserer gemeinsamen Anstrengung
eine Verschwörung zur Kontrollübernahme sah.

Unter Einfluss seiner Verwirrung
und angespornt durch seine Wut,
stürzte er auf unseren Lehrer zu,
stieß dabei Drohungen aus und schwang einen dicken Stock.

Zu spät, als dass einer von uns unserem Lehrer,
der ruhig vor uns saß,
hätte zu Hilfe eilen können,
öffnete dieser seine Augen und begann leise
Worte voller Frieden und Liebe zu chanten.

Als der aufgebrachte Mann seinen Stock hob, um zuzuschlagen,
drängten ihn die Vibrationen von Liebe und Mitgefühl
zurück vom Lehrersitz,
und er ließ seinen Stock fallen.

Wie prätentiös es war
zu glauben, wir könnten unseren Lehrer besser beschützen
als seine liebevolle Güte.
Um in dieser Welt sicher zu sein,
geh' behutsam, doch mit großem Herzen!

Wir müssen von dort starten, wo wir sind,
nicht von dort, wo wir sein wollen.
Denn wo wir hin wollen,
ist, damit zufrieden zu sein, wo wir stehen.

Wir mögen in der Hölle sein,
doch wenn wir geduldig sind und
der Hölle erlauben, einfach höllisch zu sein,
dann wird dieser ausgeglichene Geist,
diese stille Zufriedenheit
die Hölle in den Himmel verwandeln.

Der hauchdünne Unterschied von eineinhalb Millimeter
zwischen Himmel und Hölle
ist Gleichmut.

Verzeichnis der Versanfänge

34 Im Dschungel legen Jäger eine Banane in einen Bambuskorb
35 Meditation ist ein einziges Loslassen
36 Der Buddha ist nirgendwo hingegangen
37 Nach der Entlassung aus dem Gefängnis
38 Sieh' den Berg wie ein Fluss es täte
39 Vielleicht ist es Zeit, weniger zu sitzen ...
40 Bei Sonnenuntergang ging der Mönch in den Dschungel
41 Allein in der Wüste und nach Wochen des Meditierens, Betens und Fastens
43 Sie stritten bis tief in die Nacht
44 Der Meister empfahl ein Floß, um ans andere Ufer zu gelangen
45 Die Essenz des Dhamma ist Meditation
46 Freundschaft ist keine wahre Freundschaft
47 Liebenswürdigkeit ist beides, sowohl das Mittel zur Befreiung als auch der Zweck
48 Zwei Mönche kamen zu einem Bergbach
49 Stille ist nicht ruhig
50 In Indien begegnete ich einer Bettlerin
51 Der junge Novize kehrte zurück
52 Unser größtes Problem
53 Das Dhamma ist keine Religion
54 Der Geist ist wie ein gefrorener Teich
55 Das Dhamma lehrt uns nicht anzuhaften
56 Verlangen stellt die Wurzel meiner Probleme dar
57 Das Leben ist wie das Ausschöpfen eines Bootes mit einem Loch drin
58 Ein paar Mönche leiteten eine Meditationssitzung
59 Erleuchtung ist nichts anderes als wach zu sein
60 Du bist ein Christ
61 Durch das Meditieren sind wir wie die Kerze, die zur Dunkelheit spricht

ÜBER PARIYATTI

Pariyatti hat es sich zur Aufgabe gemacht, einen erschwinglichen Zugang zu den authentischen Lehren des Buddha über die Theorie (*pariyatti*) und die Praxis (*paṭipatti*) des Dhamma der Vipassana-Meditation zu ermöglichen. Als nach US-Recht steuerbefreite gemeinnützige Organisation wird Pariyatti seit 2002 durch Spenden von Einzelpersonen getragen, die den unbezahlbaren Wert der Dhamma-Lehren wertschätzen und mit anderen teilen wollen. Wir laden Sie ein, sich unter www.pariyatti.org über unsere Programme und Dienstleistungen zu informieren und zu erfahren, wie Sie das Verlagswesen und andere Vorhaben unterstützen können.

Pariyatti Verlagsdrucke

Vipassana Research Publications (Schwerpunkt auf Vipassana, wie es von S.N. Goenka in der Tradition von Sayagyi U Ba Khin gelehrt wird)

BPS Pariyatti Editions (ausgesuchte Titel der Buddhist Publication Society, von Pariyatti mitveröffentlicht)

MPA Pariyatti Editions (ausgesuchte Titel der Myanmar Pitaka Association, von Pariyatti mitveröffentlicht)

Pariyatti Digital Editions (Audio und Videos, inklusive Vorträgen)

Pariyatti Press (wiederaufgelegte Klassiker und inspirierende Texte von zeitgenössischen Autoren)

Pariyatti bereichert die Welt durch

- die Verbreitung der Worte des Buddha
- die Bereitstellung von Geistesnahrung für den Suchenden auf seiner Reise
- Licht auf dem Weg des Meditierenden

www.ingramcontent.com/pod-product-compliance
Lightning Source LLC
LaVergne TN
LVHW091010080826
845145LV00003B/1200

* 9 7 8 1 6 8 1 7 2 8 8 2 7 *